LE
VRAI 89

PAR

CH. DE BATZ-TRENQUELLÉON

Rédacteur en chef de La Guienne.

BORDEAUX

IMPRIMERIE ADRIEN BOUSSIN

18 et 20, rue Gouvion, 18 et 20

—

1881

LE VRAI 89

PAR

Ch. de BATZ-TRENQUELLÉON

Rédacteur en chef de *La Guienne*.

BORDEAUX

IMPRIMERIE ADRIEN BOUSSIN

18 et 20, rue Gouvion, 18 et 20

1881

LE VRAI 89

I

Les années ont beau succéder aux années, et les révolutions aux révolutions, la question nationale, le problème vital de notre pays, ramène toujours les esprits politiques à une date fatidique, 1789, et aux Cahiers sur lesquels elle s'est inscrite.

Hier encore, tous les journaux républicains se préoccupaient vivement de la « proposition Barodet, » qui est un ballon d'essai des partisans d'une nouvelle Convention.

La presse opportuniste, fort opposée à la proposition, — laquelle évoque le souvenir des Cahiers de 1789, — repousse toute analogie entre les deux situations politiques (1789 et 1881) et disserte, en termes fort intéressants, sur ces fameux Cahiers, d'où devait sortir une magnifique rénovation française, et d'où sortit, hélas ! la plus criminelle et la plus désastreuse des révolutions.

Il importe de prendre acte de quelques-unes des déclarations de la presse républicaine, à ce sujet, et de remettre, une fois de plus, en lumière, par la reproduction d'un résumé très exact des Cahiers, la différence qui existe entre le vrai et le faux 89.

Le vrai, c'eût été le progrès dans la stabilité ; le faux a été la Révolution, c'est-à-dire une série presque ininterrompue de catastrophes.

Le faux, portant ses fruits naturels, nous a donné de fausses libertés et de trop réels despotismes, d'où provient l'effrayante décadence à laquelle préside aujourd'hui la République : nous mourons du faux 89. C'est en reprenant la tradition du vrai que nous ressaisirons nos forces nationales et que nous referons un pacte avec la longue et noble existence qu'un glorieux passé semble promettre à notre pays.

Nous allons insister, preuves en mains, sur cette vérité, qui porte avec elle la vie et qu'on ne peut méconnaître sans se précipiter vers la mort.

II

Voici, d'après M. Barodet lui-même, le texte de la proposition que ce député déposera dès l'ouverture de la prochaine session législative :

« Nomination d'une commission char-
» gée d'examiner et de résumer les pro-
» messes, professions de foi et program-
» mes qui ont présidé aux élections lé-
» gislatives de 1881 et de présenter,
» dans le plus bref délai possible, un
» rapport à la Chambre sur la nature et
» la portée des réformes réclamées par
» le pays. »

Il est fort intéressant, nous l'avons déjà dit, de constater que l'immense majorité du parti républicain, pour bat-tre en brèche la proposition Barodet, repousse toute analogie entre les Cahiers de 1789 et ceux de 1881, qui, selon M. Barodet, se composent des « pro-messes, » des « professions de foi » et des « programmes » dont les élus ré-publicains viennent de se montrer si prodigues : ces programmes, ces pro·

fessions de foi, ces promesses n'étaient, au dire des journaux officieux, que pure rhétorique électorale; le tour est joué, n'en parlons plus, ou n'en parlons que le moins possible !

L'opportunisme n'entend donc pas prendre au sérieux les « Cahiers » de M. Barodet, et c'est un fait qui a bien quelque importance. Il en a moins, toutefois, que l'argumentation opposée, sous diverses formes, à M. Barodet, et dont voici peut-être la plus complète expression, d'après une feuille opportuniste (1).

« Dès la première lecture de cette pro-
» position, tous ceux qui ont quelques
» notions historiques ne manqueront pas
» de constater, et M. Barodet lui-même
» le note dans sa lettre, que c'est par
» une mesure semblable, par le *dépouil-*
» *lement et le résumé des Cahiers*, que
» les États-Généraux, immédiatement
» après la réunion des trois ordres en
» Assemblée nationale (1789), inaugurè-
» rent leurs immortels travaux.

---

(1) *Gironde* du 10 septembre 1881.

» Le précédent est glorieux ; mais il
» reste à savoir si les circonstances, en
» 1789 et en 1881, sont, non pas les
» mêmes, car l'histoire ne se répète ja-
» mais, mais au moins si elles présen-
» tent de sérieuses et fondamentales
» analogies.

» Or, nous avons beau chercher, nous
» ne trouvons aucune de ces analogies :
» l'essentiel, en effet, pour procéder au
» travail que propose M. Barodet : le
» dépouillement et le résumé des Ca-
» hiers, *l'essentiel*, disons-nous, *est que*
» *ces Cahiers existent*. Or, *ils n'existent*
» *pas*. Les professions de foi des candi-
» dats, programmes de comités, etc., etc.,
» ne sauraient en tenir lieu, par l'excel-
» lente raison que *l'élection du député*
» *par un citoyen n'implique pas de la*
» *part de ce citoyen une adhésion* absolue
» et complète *au programme rédigé par*
» *ce député.*

» *Combien de gens* ont voté pour tel
» candidat dont la personne et les capa-
» cités leur inspiraient confiance, et dont
» les opinions se rapprochaient sensible-
» ment des leurs, qui *n'auraient pas*

» *demandé mieux*, s'il s'était agi de ré-
» diger un mandat explicite, *que de rayer*
» *certains paragraphes du programme*
» *électoral* qu'ils n'avaient point été ap-
» pelés à rédiger !

» En 1789, au contraire, *les délégués*
» *des trois Ordres, parfaitement autorisés*
» *et régulièrement constitués, avaient ré-*
» *digé soigneusement, après discussion,*
» *des Cahiers qui contenaient bien,* dans
» ces conditions, *l'expression complète*
» *des vœux des différentes classes de la*
» *population.* Ils avaient rédigé ces Ca-
» hiers *sous la pression unanime de l'o-*
» *pinion publique,* réclamant, non pas
» de simples réformes de détail, mais
» une sorte d'État nouveau, nous pou-
» vons dire de société nouvelle, à bâtir
» de toutes pièces. La première mission
» de l'Assemblée nationale (le fameux
» serment du Jeu de Paume en contient
» la formule), c'était de donner à la
» France une *Constitution.*

» Or, où prendre les éléments de cette
» Constitution, sinon dans les *Cahiers,*
» *expression des besoins et des vœux du*
» *pays ?...* »

C'est avec étonnement, avec une sorte d'admiration, que nous avons recueilli ces lignes presque irréprochables dans les colonnes de la feuille républicaine.

Non, la France de 1881 n'a pas rédigé ses Cahiers : d'opinion flottante, oublieuse des principes, ayant perdu à la fois le sens de l'autorité et le goût de la liberté, la majorité de cette France, — la victorieuse mais douteuse majorité qui vient d'envoyer 450 républicains à la nouvelle Chambre, — a voté sans conviction, sans sincérité, sans vues certaines, sans logique et sans esprit de suite : son œuvre politique est rigoureusement définie dans cette remarque de la *Gironde : « Combien de gens n'au-* » *raient pas demandé mieux que de rayer* » *certains paragraphes du programme* » *électoral ! »*

Telle est la France politique que les révolutions nous ont faite. Elle vote pour des candidats dont elle n'approuve pas le programme électoral, et les candidats lui font des professions de foi qui ne tirent à conséquence ni dans leur pensée, ni dans la sienne. Les « Cahiers » de 1881 sont une jonglerie, une duperie mutuelle, voulue, avouée, reconnue de part et d'autre.

Et ainsi de tous les Cahiers ou prétendus Cahiers qui ont défrayé ou qui défraieront les controverses politiques de la France révolutionnaire. Depuis près d'un siècle, il n'y a eu d'autres Cahiers sérieux, soit de la part des mandants, soit de la part des mandataires, que les Cahiers de 1789, et il ne saurait y en avoir d'autres. Les républicains eux-mêmes le proclament, lorsqu'ils disent, comme la *Gironde* , que « ces Cahiers, rédigés sous la *pression* » *unanime de l'opinion publique*, contenaient *l'expression complète des vœux* » *des différentes classes de la population.* »

Que de réflexions à faire sur cet éclatant aveu, sur cette constatation d'un fait historique si souvent et si audacieusement nié par l'école révolutionnaire ! Bornons-nous à redire ce que furent ces Cahiers, qui seront toujours à la fois le remords et l'espérance de notre pays avant de devenir le point de départ de sa pacification et de sa rénovation.

III

Qu'y avait-il donc dans les Cahiers de 1789 dont les révolutionnaires de 1881 sont amenés à proclamer l'incomparable valeur, le caractère profondément national ? Etaient-ils l'évangile, le code de la Révolution qui suivit ? Tendaient-ils à détruire ou, tout au moins, à amoindrir le principe du gouvernement monarchique ? Faisaient-ils ou laissaient-ils planer un doute sur la légitimité de ce gouvernement et sur les sentiments de fidélité qu'il rencontrait dans « les différentes classes de la popula- » tion ? »

Non, les Cahiers étaient essentiellement monarchiques, comme la tradition, comme le génie français. On les a résumés mille fois, dans les livres, dans les journaux, à la tribune des Assemblées nationales, tantôt en de nombreuses pages, tantôt en quelques paragraphes de discours, tantôt en quelques lignes ; et toutes les versions, celles des révolutionnaires comme celles des monarchistes, sont d'accord, toutes arrivent à la même conclusion : les Cahiers de 1789, votés par *six millions d'électeurs*, demandent le développement des libertés publiques sous l'égide d'une Royauté rajeunie et affermie.

Au moment où nous traçons cette page, nous avons sous les yeux deux résumés des Cahiers, l'un en *dix pages*, l'autre en *dix lignes*. Nous venons de chercher dans les dix pages une seule idée primordiale qui ne fût contenue dans les dix lignes ; nos recherches ont été vaines : les dix lignes contiennent tout, les *principes généraux*, les *principes politiques*, les *applications générales*. Et voici ces dix lignes, dont les Etats-Généraux entendirent et approuvèrent la lecture :

« Art. 1er. — Le gouvernement fran-
» çais est un *gouvernement monarchi-
» que.*

» Art. 2. — La personne du roi est
» *inviolable et sacrée.*

» Art. 3. — La *couronne* est *hérédi-
» taire* de mâle en mâle.

» Art. 4. — Le roi est *dépositaire du*
» *pouvoir exécutif.*

» Art. 5. — Les *agents de l'autorité*
» sont *responsables.*

» Art. 6. — La *sanction du roi* est *né-*
» *cessaire* pour la promulgation des lois.

» Art. 7. — La nation fait *la loi avec*
» *la sanction royale.*

» Art. 8. — *Le consentement national*
» est *nécessaire à l'emprunt et à l'im-*
» *pôt.*

» Art. 9. — L'impôt ne peut être ac-
» cordé que d'une tenue à l'autre des
» Etats-Généraux.

» Art. 10. — La *propriété* sera *sa-*
» *crée.*

» Art. 11. — La *liberté individuelle*
» sera *sacrée.* »

Tels sont les Cahiers de 1789. Ils proclament bien haut l'accord du droit
royal et du droit national ; ils portent
manifestement la sentence de toute la
Révolution, depuis le serment du Jeu-
de-Paume jusqu'aux récents attentats de
la troisième République. Ils intronisent
à nouveau, pour ainsi dire, l'Autorité, que
la Révolution a transformée en un des-

potisme dégradant, et ils résument un programme de libertés publiques dont la réalisation semble, de période en période, reculer devant nous. Et, ne nous lassons pas de le répéter, ces Cahiers, de l'aveu même des pires révolutionnaires d'aujourd'hui, « contenaient l'expression » complète des vœux des différentes clas- » ses de la population : » c'était la France tout entière qui les avait dictés ; ce fut l'émeute, l'insurrection, la Révolution, qui les déchira.

Mais il subsiste encore dans l'histoire et dans la conscience de notre pays, ce document authentique et solennel où s'est inscrit, en caractères indélébiles, le principe, le seul principe national, ce monument indestructible du vrai 89. *Vox populi, vox Dei* ! dit-on à tout propos et hors de propos. Pensée juste et salutaire quand il s'agit d'un vrai peuple et d'une vraie voix, comme le vrai peuple et la vraie voix de 1789, dans cette manifestation unanime de la Nation si cordialement unie à la Royauté pour l'œuvre de rajeunissement et d'affermissement de la Constitution française. On a inventé, on a façonné plus tard, par le mensonge et la violence, d'autres « peuples » auxquels on a donné d'autres « voix. » Vains efforts ! Le point lumineux, le pacte de vie et de salut de notre histoire, c'est toujours le vrai 89, c'est-à-dire la vieille Royauté d'accord avec les jeunes libertés, le progrès national découlant du principe même qui avait créé la nation, le génie français émancipé, mais gardant le culte de sa propre origine, de sa séculaire tradition.

IV

Le faux 89 a perdu la France ; le vrai 89 seul peut la sauver, et il est là, à notre portée, en notre pouvoir, sous la figure du descendant de nos chefs nationaux, du représentant de cette tradition et de cette renaissance françaises qu'il faut allier l'une à l'autre pour fonder l'avenir ; sous la figure de ce prince qui a dit, en son nom et au nom de ses héritiers, au nom de tous les princes de sa race : « *Sans le principe* de l'hérédité » monarchique, *je ne suis rien ; avec lui,* » *je puis tout !* » et qui, rappelant la magnifique rénovation provoquée par Louis XVI, ajoutait naguère : « Repre- » nons, en lui restituant son caractère » véritable, le mouvement national de » la fin du dernier siècle. »

Ce « caractère véritable, » c'est l'es- prit qui inspirait tous les Cahiers de 1789, dont nous venons de reproduire le résumé officiel et qui contenaient « l'ex- » pression complète des besoins et des » vœux du pays. »

Faiseurs de Cahiers de la Révolution, jamais vous n'aurez cette légitimité ni cette « unanimité. » Depuis que vos mains ineptes et impies ont lacéré la Constitution française proclamée ou plutôt reconnue par les six millions d'électeurs de 1789, vous avez fabriqué beaucoup de Constitutions. Le peuple les a vues sans regret s'écrouler les unes sur les autres, comme il les avait vu décréter sans confiance.

Eh bien ! cette succession de Constitutions délibérées, octroyées ou imposées depuis que le souffle de la Révolution a jeté la France hors des voies traditionnelles et progressives où la poussait de plain-pied la vieille Constitution nationale rajeunie par le mouvement réformiste de 1789, cette série d'avortements plus ou moins désastreux prouve, jusqu'à l'évidence, deux choses :

1° Qu'une nation qui ne sait pas garder la Constitution qui l'a créée, maintenue et glorifiée, la Constitution formée pièce à pièce par les anciennes générations et qui est à la fois l'expression de son génie et le secret de ses prospérités passées, cette nation est punie par où elle a péché : ayant rejeté le levier qui lui donnait la force, le principe qui lui assurait la stabilité, elle s'est condamnée à l'agitation stérile et à la décadence.

2° Que cette nation, comprenant qu'on ne délibère ni ne décrète la vie en dehors de ses lois constitutives, qu'on ne fonde pas une puissante unité sur des éléments de dissolution, et qu'il n'est pas d'Assemblée ni de dictateur quelconque capable de refaire, au moule de sa pensée, un tempéramment, un génie quatorze fois séculaire, cette nation n'a, pour redevenir forte et stable, qu'à se retremper à la source de sa grandeur et de sa gloire, source dont les siècles ont, Dieu merci ! respecté la salutaire vertu, et d'où seulement peuvent nous venir les deux moitiés de la vérité morale, sociale et politique vainement poursuivies depuis près d'un siècle : le Droit et la Liberté.

Bordeaux, septembre 1881.

APPENDICE

Résumé des Cahiers de 1789.

Nous disons, dans les pages précédentes, que l'on a résumé de mille façons les Cahiers de 1789, et que toutes les versions sont unanimes sur ce point : les Cahiers sont profondément monarchiques.

La rapidité nécessaire de l'argumentation nous a fait donner le choix au résumé officiel, qui se compose de dix lignes.

Voici un autre résumé, rédigé en dix pages par M. le marquis d'Andelarre. De semblables documents ne seront jamais assez connus, et nous voudrions qu'ils fussent constamment présents à l'esprit de tous les Français.

CHAPITRE Ier. — *Principes généraux.*

Art. Ier. — Le Roi sera très humblement supplié de maintenir dans le royaume la religion catholique, apostolique et romaine dans toute sa pureté et son culte, tant dans sa morale que dans ses dogmes, comme étant la base la plus propre à affermir la saine politique.

Art. II. — La base des résolutions des Etats-Généraux devant reposer essentiellement sur la justice, les députés demanderont le respect absolu de toutes les propriétés, depuis le trône jusqu'à la plus chétive cabane.

Art. III. — Les députés demanderont que les parents de ceux qui auront subi la peine prononcée par la loi puissent être admis à tous les emplois civils et militaires et aux bénéfices ecclésiastiques, sans que l'infamie du criminel puisse être un motif d'exclusion pour aucun citoyen personnellement irréprochable.

CHAPITRE II. — *Principes politiques.*

Art. IV. — Pour conserver à tous les citoyens la sûreté et la liberté individuelles, les députés demanderont qu'il soit arrêté par les Etats-Généraux une loi perpétuelle et irrévocable qui défende pour l'avenir l'usage des lettres closes, et à toute personne revêtue de l'autorité publique de faire arrêter un citoyen domicilié sans le rendre à son juge naturel dans les vingt-quatre heures.

Art. V. — Les députés demanderont que les ministres ne puissent, sous aucun prétexte, empêcher l'exercice du pouvoir législatif, qu'ils ne puissent attenter à la liberté ou à la propriété de personne par aucun ordre arbitraire, même signé du Roi.

Art. VI. — Toute loi générale en France ne pourra être réputée telle qu'elle n'ait été proposée par le Roi et consentie par les États-Généraux, ou faite par les États-Généraux et consentie par le Roi.

Art. VII. — Les députés demanderont la reconnaissance du droit qui appartient à la nation de consentir les subsides, d'en régler l'emploi et de faire vérifier l'emploi qui en aura été fait d'après des comptes-rendus publiés chaque année.

Art. VIII. — Tout impôt sera fixé pour sa durée à six mois seulement au-delà du jour déterminé pour la convocatien des Etats-Généraux les plus prochains ; aucun nouvel impôt ne pourra être perçu dans l'intervalle des Etats-Généraux et sans leur consentement.

Art. IX. — Les Etats-Généraux, de concert avec le Roi, statueront sur la liberté de la presse et sur les moyens de connaître, de juger et punir ceux qui en abuseraient.

Art. X. — Les Etats-Généraux régleront la forme de convocation des assemblées nationales à venir, leur composition, organisation et compétence, de telle sorte que dans sa composition numérique, le Tiers-Etat ait l'égalité des autres citoyens, et que, soit dans la composition, soit dans la compétence, le Tiers-Etat ne puisse avoir moins d'influence que le surplus des citoyens.

Art. XI. — La délibération par tête sera demandée pour statuer sur l'article précédent.

Art. XII. — Il sera fait une loi pour obliger d'opter entre les emplois de la cour, du militaire, du civil ou de la diplomatie, l'une de ces carrières ne pouvant être suivie en même temps qu'une autre par la même personne.

Art. XIII. — Dans le militaire même, on ne pourra être pourvu de deux emplois à la fois, l'un nuisant toujours aux fonctions de l'autre.

CHAPITRE III. — *Applications.*

Art. XIV. — Il a été convenu que le gouvernement français est un gouvernement monarchique, que les lois obligent et le monarque et ses sujets, et que le gouvernement monarchique est le seul admissible en France.

- Art. XV. — Les députés demanderont le maintien de tous les droits de la couronne.

Art. XVI. — En cas de minorité ou autre cas semblable, il appartiendra aux Etats-Généraux seuls de disposer de la régence du royaume, et, à cet effet, le premier prince du sang sera tenu de convoquer sans délai lesdits Etats.

Art. XVII. — Le pouvoir législatif devant avoir une action indépendante, libre et non continuelle, il appartient aux États-Généraux de fixer eux-mêmes le moment de leur dissolution et l'époque de leur réunion à l'avenir.

Art. XVIII. — Les membres des États-Généraux ne sont responsables de ce qu'ils font, disent et proposent à l'Assemblée nationale qu'à l'Assemblée elle-même.

Art. XIX. — Les députés demanderont l'établissement d'Etats provinciaux dans toute l'étendue du royaume, sous la forme et organisation que les Etats-Généraux prescriront, et telle que tous les membres soient élus librement, sans que personne puisse prétendre de droits, d'honneurs et de priviléges.

Art. XX. — Les Etats provinciaux devront être revêtus de tous droits de répartition et de perception des subsides que les Etats-Généraux peuvent seuls accorder, de l'administration des ponts-et-chaussées, des bâtiments publics, des hôpitaux, réparations d'églises, presbytères et municipalités des villes, bourgs et communautés, de leurs revenus, de la vérification ds leurs comptes, de la police et conservation des forêts des communautés, de l'irrigation des prairies, du commerce des grains et généralement de tous objets faisant partie de l'administration de la province.

Art. XXI. — Les députés denanderont qu'il soit établi dans toutes les villes, bourgs et villages du royaume, des municipalités électives, proportionnées à la population.

Art. XXII. — Il ne sera jamais établi de cour, sous quelque dénomination que ce soit, pas même sous celle des commissions intermédiaires des Etats-Généraux, laquelle puisse prétendre représenter la nation assemblée ni suppléer les Etats.

Art. XXIII. — Dans le cas où les ministres se seront rendus coupables dans leur administration, lesdits ministres seront responsables de leur conduite à la nation.

Art. XXIV. — Les ministres de chaque département seront tenus de rendre un compte exact aux Etats-Généraux de l'emploi des fonds dont ils auront la disposition, et ils en seront personnellement responsables.

Art. XXV. — Le pouvoir judiciaire sera exercé par les tribunaux formés et établis par la loi, tant pour la première instance que pour l'appel, et tant au criminel qu'au civil. Ces tribunaux seront distribués dans les différentes parties du royaume, de manière que tous les citoyens trouvent à peu près les mêmes facilités d'obtenir la justice, et la compétence des tribunaux sera déterminée le plus précisément qu'il sera possible.

Art. XXVI. — Les ministres ne pourront arrêter le cours de la justice, si ce n'est dans le cas où le Roi jugerait à propos de faire grâce aux accusés, conformément aux lois du royaume.

Art. XXVII. — Les députés demanderont que l'éducation de la jeunesse de tous les ordres soit prise en considération, et qu'il soit établi dans les provinces et la campagne des maîtres et des maîtresses d'école pour vaquer journellement à l'éducation gratuite des pauvres enfants.

Art. XXVIII. — Comme un des principaux devoirs de la nation assemblée doit être d'établir l'armée sur un pied respectable, un des moyens les plus certains d'y parvenir est de donner aux lois qui la régissent une stabilité dont elles manquent depuis longtemps.

Les Etats-Généraux doivent donc ordonner une prompte confection du code militaire dont s'occupe le conseil de guerre, ensuite le sanctionner, pour le préserver à l'avenir des changements continuels et funestes que produit l'instabilité des ministres.

Art. XXIX. — Les députés demanderont qu'il ne soit pas permis qu'à l'avenir aucun officier puisse être cassé abitrairement, ou perdre son emploi d'une manière qui intéresse son honneur, sans avoir été jugé par un conseil de guerre.

Art. XXX. — La noblesse ne pouvant et ne devant être que la récompense du mérite, du courage, du patriotisme et jamais le prix de l'argent, les États-Généraux seront invités à prendre en considération le trop grand nombre de charges que donne la noblesse transmissible.

Art. XXXI. — Les députés demanderont que les enfants du Tiers-État soient admis dans les écoles militaires pour y partager, avec ceux de la noblesse, les avantages de l'éducation gratuite.

Art. XXXII.— L'Assemblée nationale sera chargée d'aviser aux moyens de faire participer à l'impôt et aux charges publiques les rentiers capitalistes.

Art. XXXIII. — Les députés proposeront aux Etats-Généraux s'il ne serait pas utile de convertir tous les impôts territoriaux en un impôt unique.

Art. XXXIV. — Les députés demanderont qu'il soit fait un tarif uniforme et proportionnel pour contrôle de tous les actes, quels qu'en soient la nature et l'objet.

Art. XXXV. — D'après les résultats des délibérations prises par les États-Généraux sur tous les grands objets de la Constitution compris dans lesdits articles ci-dessus, il sera fait une Charte signée du Roi et revêtue du sceau royal, laquelle formera le Code de la Constitution française ; il sera fait autant de minutes de cette Charte qu'il y aura d'Etats provinciaux ; chacun des Etats en gardera une dans ses archives, et des copies collationnées en seront publiées et enregistrées dans toutes les cours et siéges inférieurs et envoyées dans les dépôts de chaque ville, bourg et communauté du royaume.

Dans la langue politique, on parle couramment de deux « Révolutions » : l'une, dont pas un honnête homme ne s'avoue le partisan ; c'est la Révolution violente et sanglante qui a donné sa mesure en 1793 ; l'autre, que tout le monde approuve, dont tout le monde se dit le « fils, » mais dont les royalistes seuls ont le droit de se glorifier ; c'est la pacifique et légitime *Révolution* de 1789, consécration solennelle et salutaire rajeunissement de la Monarchie. Eh bien ! cette Révolution universellement avouée et incontestablement royaliste, elle est tout entière dans les Cahiers de 1789 !

IMPRIMERIE ADRIEN BOUSSIN, 20, RUE GOUVION.

www.ingramcontent.com/pod-product-compliance
Lightning Source LLC
Chambersburg PA
CBHW051332050726
47595CB00006B/2331